Bibliografische Information der Deutschen Nationalbibliothek:

Die Deutsche Bibliothek verzeichnet diese Publikation in der Deutschen National-
bibliografie; detaillierte bibliografische Daten sind im Internet über http://dnb.d-
nb.de/ abrufbar.

Impressum:

Copyright © 2016 GRIN Verlag, Open Publishing GmbH
Druck und Bindung: Books on Demand GmbH, Norderstedt Germany
ISBN: 9783668236639

Dieses Buch bei GRIN:

http://www.grin.com/de/e-book/322849/hauptschulabschluss-lager-und-handel-35-
fragen-und-musterloesungen

Steffen Keil

Hauptschulabschluß Lager und Handel. 35 Fragen und Musterlösungen

GRIN Verlag

GRIN - Your knowledge has value

Der GRIN Verlag publiziert seit 1998 wissenschaftliche Arbeiten von Studenten, Hochschullehrern und anderen Akademikern als eBook und gedrucktes Buch. Die Verlagswebsite www.grin.com ist die ideale Plattform zur Veröffentlichung von Hausarbeiten, Abschlussarbeiten, wissenschaftlichen Aufsätzen, Dissertationen und Fachbüchern.

Hauptschulabschlußprüfung Lager / Handel
Name:

Frage 1: Welche Kontrollen sind bei Wareneingang in Anwesenheit des Zustellers durchzuführen?

04	

Frage 2: Sie stellen bei der Sichtprüfung fest, dass 3 Kartons einer Lieferung beschädigt sind. Wie verhalten Sie sich?

02	

Frage 3: Welche Kontrollen werden durchgeführt, nachdem der Zusteller sich verabschiedet hat?

01	

Welche Mängel werden dabei unterschieden?

04	

Frage 4: Innerhalb welcher Fristen …
- ist die Prüfung auf Mängel vorzunehmen

02	

- sind offene und versteckte Mängel beim zweiseitigen Handelskauf zu rügen?

02	

Frage 5: Welche Voraussetzungen sind für einen Lieferungsverzug notwendig und welche Rechte ergeben sich daraus für den Käufer / Empfänger?

05	

Frage 6: Welche Rechte ergeben sich für den Käufer aus einer mangelhaften Lieferung?

05	

Frage 7: Erklären Sie kurz folgende Warenbegleitpapiere:
Konnossement, Air Waybill, Zolleinheitspapier, Gefahrgutbeförderungspapier, Leergutschein

05	

Hauptschulabschlußprüfung Lager / Handel
Name:

Frage 8: Welche Aufgaben hat der Lieferschein?

Frage 9: Welche Vorteile hat die Nutzung eines Fremdlagers?

Frage 10: Nennen Sie Möglichkeiten des Umweltschutzes in einem Warenlager.

Frage 11: Nennen Sie 3 Rechte und 5 Pflichten des Lagerhalters.

Hauptschulabschlußprüfung Lager / Handel
Name:

Frage 12: Geben Sie 5 Sicherheitsvorschriften bei Bodenlagerung an.

05	

Frage 13: Welche Funktion hat in einem Industriebetrieb das Zwischenlager?

01	

Frage 14: Zählen Sie 5 Funktionen der Lagerhaltung auf.

05	

Situation zu den Fragen 15 - 17
Bei der Inventur wurden folgende Werte festgehalten:
- Anfangsbestand: 20.000 €
- Summe der 12 Monatsendbestände: 180.000 €
- Warenverbrauch: 172.000 €

Frage 15: Ermitteln Sie den durchschnittlichen Lagerbestand.

02	

Hauptschulabschlußprüfung Lager / Handel
Name:

Frage 16: Wie hoch ist die Umschlagshäufigkeit ?

| 02 | |

Frage 17: Wie hoch ist die durchschnittliche Lagerdauer?

| 02 | |

Frage 18: Mit welcher Formel wird der Meldebestand errechnet?

| 02 | |

Frage 19: Ordnen Sie die Begriffe richtig zu.

1. Bestand, der mindestens im Lager vorhanden sein soll.

2. Bei der Inventur ermittelter Bestand.

3. Bestand, bei dem die Einkaufsabteilung benachrichtigt wird.

4. Laut Buchhaltung vorhandener Bestand.

a) Istbestand
b) Buchbestand
c) Mindestbestand
d) Meldebestand

| 04 | |

Frage 20: Erklären Sie die Begriffe Inventur und Inventar.

04	

Frage 21: Bringen Sie die Arbeitsschritte einer Inventur in die richtige Reihenfolge.
( ): Zählen, Messen, Wiegen
( ): Vornehmen von Bestandskorrekturen bei Inventurdifferenzen
( ): Erstellung der Inventurbelege
( ): Verteilung der Inventurbelege an die Mitarbeiter/innen
( ): Speichern der Inventurergebnisse im Warenwirtschaftsprogramm
( ): Eintragung der Ergebnisse in die Inventurbelege

04	

Frage 22: Wie kann es zu Inventurdifferenzen kommen?

04	

Frage 23: Erklären Sie kurz folgende Fachbegriffe:

- Packgut

- Packmittel

- Packstück

- Packung

04	

Frage 24: Welche Funktionen erfüllt die Verpackung grundsätzlich?

04	

Frage 25: Nennen Sie Packmittel aus Holz und zählen Sie 4 Vorteile auf.

02	

Frage 26: Geben Sie **3** vorbereitende Tätigkeiten an, die vor dem Kassierbeginn durchgeführt werden müssen.

03	

Frage 27: Nennen Sie **4** Beispiele für kundenorientiertes Verhalten an der Kasse

04	

Frage 28: Laut Kassieranweisung müssen Sie 200,00 Euro Scheine besonders prüfen. Nennen Sie **4** Sicherheitsmerkmale von Geldscheinen, die Sie beim Prüfen berücksichtigen müssen.

$$\boxed{04} \boxed{}$$

Fachrechnen

Frage 29: Ein Sattelauflieger hat eine Länge von 13,62 Metern, eine Breite von 2,48 Metern und eine Höhe von 2,30 Metern. Der Laderaum ist zu 80 % mit Getreide gefüllt. Wie viele m³ Getreide befinden sich im Auflieger?

$$\boxed{01} \boxed{}$$

Frage 30: Eine Frachtsendung besteht aus folgenden Einheiten:
- 6 Pakete mit einem Gewicht von je 16,5 kg
- 4 Pakete mit einem Gewicht von je 34,250 kg
- 6 Europaletten zu je 758 kg
- 2 Gitterboxpaletten zu je 532 kg
Wie hoch ist das Gesamtgewicht der Frachtsendung in Tonnen?

$$\boxed{02} \boxed{}$$

Frage 31: Das Bruttogewicht einer Ware beträgt 1,004 Tonnen.
Das Gewicht der Tara ist 5,5 %
vom Nettogewicht. Wie hoch ist das Nettogewicht der Ware in kg?

02	

Frage 32: Eine Fachkraft für Lagerlogistik in Teilzeit verdient 1.250,00 € brutto im Monat.
Sie erhält aufgrund ihrer guten Leistungen eine Gehaltserhöhung von 6 %.
Wie hoch ist ihr neues Gehalt?

02	

Frage 33: Ein Unternehmen hat seinen Umsatz um 7,5 Prozent auf jetzt 75.350,00 € steigern
können. Wie hoch war der Umsatz vor der Steigerung?

02	

Hauptschulabschlußprüfung Lager / Handel
Name:

Frage 34: Ein Einzelhändler hat am 01.01. einen Warenbestand von 160.000,00 €. Die vierteljährlichen Bestände betragen:

31.03. - 240.000,00 €
30.06 - 150.000,00 €
30.09. - 250.800,00 €
31.12. - 200.000,00 €

Wie hoch ist der durchschnittliche Lagerbestand?

02	

Frage 35: Tageskassenabrechnung: Wechselgeld 125,00 €
Entnahmen: für Hausfracht 12,00 €, für Warensendung 823,00 €, Privatentnahme 400,00 €
Bargeldbestand: 11.290,00 €
  a) Wieviel € beträgt die Tageslosung ?

02	

  b) Wie viel beträgt die in der Tageslosung enthaltene Umsatzsteuer bei einem Steuersatz von 19 %

02	

Gesamtpunktzahl

120	

Note:
Unterschrift
Teilnehmer   **Lehrkraft**
Datum:

Hauptschulabschlußprüfung Lager / Handel – Lösungen

Frage 1: Welche Kontrollen sind bei Wareneingang in Anwesenheit des Zustellers durchzuführen?
- **Lieferadresse überprüfen.**
- **Liefertermin überprüfen.**
- **Anzahl der Packstücke (nicht der Einheiten) überprüfen.**
- **Verpackung und auch unverpackte Waren auf äußere Schäden sichten und Beschädigungen festhalten.**

04	

Frage 2: Sie stellen bei der Sichtprüfung fest, dass 3 Kartons einer Lieferung beschädigt sind. Wie verhalten Sie sich?
Sie dokumentieren die Transportschäden und lassen sich dies durch eine Unterschrift des Zustellers bestätigen. Zusätzlich können noch Fotos gemacht oder Skizzen angefertigt werden.

02	

Frage 3: Welche Kontrollen werden durchgeführt, nachdem der Zusteller sich verabschiedet hat?
Auspacken und Prüfung auf offene Mängel

01	

Welche Mängel werden dabei unterschieden?
- **Mängel in der Art (Identität)**
- **Mängel in der Menge (Quantität)**
- **Mängel in der Güte (Qualität)**
- **Mängel in der Beschaffenheit**

04	

Frage 4: Innerhalb welcher Fristen …
- ist die Prüfung auf Mängel vorzunehmen?
Die Prüfung auf Mängel ist unverzüglich ohne schuldhaftes Zögern vorzunehmen. Meist geschieht dies vor der Einlagerung.

02	

- sind offene und versteckte Mängel beim zweiseitigen Handelskauf zu rügen?
Offene Mängel sind unverzüglich zu rügen.
Versteckte Mängel sind unverzüglich nach Entdeckung, aber innerhalb von 2 Jahren nach Lieferung zu rügen.

02	

Hauptschulabschlußprüfung Lager / Handel – Lösungen

Frage 5: Welche Voraussetzungen sind für einen Lieferungsverzug notwendig und welche Rechte ergeben sich daraus für den Käufer / Empfänger?
Voraussetzungen für den Lieferungsverzug:
- **Die Lieferung muss fällig sein. Dies trifft zu, wenn der Liefertermin kalendarisch festgelegt wurde. Ist der Liefertermin nicht kalendarisch festgelegt, ist eine Mahnung erforderlich.**
- **Es muss ein Verschulden des Lieferanten vorliegen.**

Rechte des Empfängers ohne Nachfristsetzung:
a) Bestehen auf Lieferung
b) Bestehen auf Lieferung und Verlangen eines Schadensersatzes
Rechte des Empfängers mit Nachfristsetzung:
a) Schadensersatz statt Leistung oder Ersatz vergeblicher Aufwendungen
b) Rücktritt vom Kaufvertrag

05	

Frage 6: Welche Rechte ergeben sich für den Käufer aus einer mangelhaften Lieferung?
Recht auf Nacherfüllung:
Nachbesserung bei Gattungsware oder Stückkauf oder Ersatzlieferung
Recht auf Rücktritt vom Kaufvertrag:
Vorher muss dem Verkäufer die Möglichkeit der Nacherfüllung eingeräumt werden.
Recht auf Minderung:
Der Kaufpreis wird entsprechend des Mangels gemindert.
Recht auf Schadensersatz / Ersatz vergeblicher Aufwendungen:
Voraussetzung ist, dass der Käufer eine angemessene Nachfrist zur Nacherfüllung gesetzt hat und diese erfolglos abgelaufen ist. Darüber hinaus muss dem Verkäufer beim Zugang der Fristsetzung deutlich werden, dass der Käufer nach Ablauf dieser Frist einen Schadensersatzverlangen wird

05	

Frage 7: Erklären Sie kurz folgende Warenbegleitpapiere:
Konnossement, Air Waybill, Zolleinheitspapier, Gefahrgutbeförderungspapier, Leergutschein
- **Konnossement: Das Konnossement wird auch Seeladeschein genannt und ist ein Schiffsfrachtbrief. Bei der Übergabe der Ware wird das Konnossement vom Empfänger unterschrieben und dient so als Ablieferquittung.**
- **Air Waybill: Luftfrachtbrief**
- **Zolleinheitspapier: Das Einheitspapier kommt in der EU beim Handel mit Drittstaaten und beim Verkehr von Nichtgemeinschaftswaren innerhalb der EU zur Anwendung.**
- **Gefahrgutbeförderungspapier: Frachtbrief für Gefahrgüter. Es enthält zusätzliche Angaben zur Klassifizierung, z. B. UN-Nummer.**
- **Leergutschein: Dient zur getrennten Erfassung von Pfandverpackung, wie Europaletten, Eurogitterboxpaletten, …**

05	

Hauptschulabschlußprüfung Lager / Handel – Lösungen

Frage 8: Welche Aufgaben hat der Lieferschein?
Der Lieferschein begleitet die Anlieferung von Waren. Er enthält Angaben über den Lieferanten, Art und Menge der Ware (ohne Preise) und das Lieferdatum. Für den Warenempfänger dient er zur Kontrolle der Lieferung. Der Lieferant lässt sich die ordnungsgemäße Lieferung auf dem Lieferschein bestätigen.

03	

Frage 9: Welche Vorteile hat die Nutzung eines Fremdlagers?
- Keine Kosten für die Lagereinrichtungen (gebundenes Kapital)
- Keine Kosten für Personal und Miete
- Geschultes Personal beim Fremdlageranbieter

03	

Frage 10: Nennen Sie Möglichkeiten des Umweltschutzes in einem Warenlager.
- Reduzierung von Verpackungsmaterialien
- Recycling von Materialien
- Sparsame Energienutzung (natürliche Beleuchtung, Heizung)
- Mülltrennung
- Artgerechte Abfallentsorgung (z. B. Altöl)
- Richtige Lagerung von Gefahrstoffen
- Sensibilisierung der Lagermitarbeiter (z. B. Stoßlüften statt Dauerlüften)

05	

Frage 11: Nennen Sie 3 Rechte und 5 Pflichten des Lagerhalters.
Rechte des Lagerhalters:
- Recht auf Vergütung und Aufwendungsersatz
- Pfandrecht bei Nichtzahlung des Lagergeldes
- Kündigungsrecht des Lagervertrages gem. § 473 (2) HGB
Pflichten des Lagerhalters:
- Er ist verpflichtet, dass eingelagerte Gut ordnungsgemäß zu lagern und aufzubewahren.
- Ausstellung eines Lagerscheins.
- Herausgabe des eingelagerten Gutes an den Empfangsberechtigten gegen Vorlage des Lagerscheins.
- Er muss Maßnahmen zur Qualitätserhaltung ergreifen.
- Er ist verpflichtet, Schadensersatzansprüche des Einlagerers gegenüber dem Frachtführer sicher zu stellen, wenn die einzulagernde Ware erkennbar beschädigt ankommt.

08	

Hauptschulabschlußprüfung Lager / Handel – Lösungen

Frage 12: Geben Sie 5 Sicherheitsvorschriften bei Bodenlagerung an.
- **Schwere Lasten unten, leichte Lasten oben lagern.**
- **Neigung des Stapels um nicht mehr als 2 %.**
- **Verkehrswege für Fußgänger zwischen den Stapeln müssen mindestens 1,25 m in der Breite**
betragen.
- **Max. 5 Gitterboxpaletten übereinander stapeln.**
- **Ladegut auf Paletten muss tragfähig sein**

05	

Frage 13: Welche Funktion hat in einem Industriebetrieb das Zwischenlager?
Das Zwischenlager hat die Funktion Schwankungen, die während der Produktion auftreten, auszugleichen.

01	

Frage 14: Zählen Sie 5 Funktionen der Lagerhaltung auf.

- **Ausgleichsfunktion / Überbrückungsfunktion: Zeitliche und mengenmäßige Überbrückung**
der Zeiträume z. B. zwischen Einkauf und Produktion.
- **Sicherheitsfunktion: Schutz vor Lieferengpässen.**
- **Reifungs- bzw. Veredelungsfunktion: Erhöhung der Qualität (z. B. Trocknung von Holz, Whisky-Lagerung).**
- **Preisausgleichsfunktion: Ausgleich von größeren Preisschwankungen.**
- **Umformungsfunktion: Mischen und Umfüllen in kleinere/größere Gebinde.**

05	

Situation zu den Fragen 15 - 17
Bei der Inventur wurden folgende Werte festgehalten:
- Anfangsbestand: 20.000 €
- Summe der 12 Monatsendbestände: 180.000 €
- Warenverbrauch: 172.000 €

Frage 15: Ermitteln Sie den durchschnittlichen Lagerbestand.
Anfangsbestand + 12 Monatsendbestände 20.000 € + 180.000 €
durch 13 = Durchschn. Lagerbestand = 15.384,62 €

02	

Hauptschulabschlußprüfung Lager / Handel – Lösungen

Frage 16: Wie hoch ist die Umschlagshäufigkeit ?
Umschlagshäufigkeit = Wareneinsatz / Durchschnittlicher Lagerbestand
172.000,00 € / 15.384,62 € = 11,18

02	

Frage 17: Wie hoch ist die durchschnittliche Lagerdauer?
Durchschnittlich Lagerdauer = 360 / Umschlagshäufigkeit
360 / 11,18 = 32,20 Tage

02	

Frage 18: Mit welcher Formel wird der Meldebestand errechnet?
Meldebestand = täglicher Verbrauch * Lieferzeit + Mindestbestand

02	

Frage 19: Ordnen Sie die Begriffe richtig zu.

1. Bestand, der mindestens im Lager vorhanden sein soll.

2. Bci der Inventur ermittelter Bestand.

3. Bestand, bei dem die Einkaufsabteilung benachrichtigt wird.

4. Laut Buchhaltung vorhandener Bestand.

a) Istbestand	2
b) Buchbestand	4
c) Mindestbestand	1
d) Meldebestand	3

04	

Frage 20: Erklären Sie die Begriffe Inventur und Inventar.
Die Inventur ist die Erfassung aller vorhandenen Bestände (Zählen, Messen, Wiegen). Durch die Inventur werden Vermögenswerte und Schulden eines Unternehmens zu einem bestimmten Stichtag ermittelt und schriftlich niedergelegt. Das Ergebnis einer Inventur ist das Inventar. Es ist ein Bestandsverzeichnis, das alle Vermögensteile am Bilanzstichtag aufführt.

Frage 21: Bringen Sie die Arbeitsschritte einer Inventur in die richtige Reihenfolge.
(**3**): Zählen, Messen, Wiegen
(**6**): Vornehmen von Bestandskorrekturen bei Inventurdifferenzen
(**1**): Erstellung der Inventurbelege
(**2**): Verteilung der Inventurbelege an die Mitarbeiter/innen
(**5**): Speichern der Inventurergebnisse im Warenwirtschaftsprogramm
(**4**): Eintragung der Ergebnisse in die Inventurbelege

04

Frage 22: Wie kann es zu Inventurdifferenzen kommen?
- Fehler bei der Bestandsaufnahme, z. B. Zählfehler
- Schwund, Verderb
- Diebstahl
- Fehlerhafte Erfassung von Warenausgängen
- Fehlerhafte Erfassung von Wareneingängen

04

Frage 23: Erklären Sie kurz folgende Fachbegriffe:

- Packgut
Die Ware, die verpackt werden soll

- Packmittel
Dient zur Verpackung des Packguts (z. B. Tüte, Sack, Flasche…).

- Packstück
Fertige, transportfähige Einheit (z. B. Palette mit Müsli-Kartons)

- Packung
Packgut mit Verpackung (z. B. Packung mit Schokoladen-Müsli)

04

Frage 24: Welche Funktionen erfüllt die Verpackung grundsätzlich?
Schutzfunktion ,Lagerfunktion ,Transportfunktion,
Verkaufsfunktion ,Informationsfunktion ,Werbefunktion

04	

Frage 25: Nennen Sie Packmittel aus Holz und zählen Sie 4 Vorteile auf.
Packmittel aus Holz: Europalette, Holzkiste, Seekiste, Verschlag, Kantholzkonstruktion
Sehr vielseitig einsetzbar und stabil. Außerdem können sie leicht hergestellt und bei Bedarf
einfach entsorgt werden.

02	

Frage 26: Geben Sie 3 vorbereitende Tätigkeiten an, die vor dem Kassierbeginn durchgeführt werden müssen.
- **Kassenbereich auf Sauberkeit prüfen**
- **Verpackungsmaterial bereitstellen**
- **Schreibmaterial bereitlegen**
- **Kasse anmelden**
- **Wechselgeld zählen**

03	

Frage 27: Nennen Sie 4 Beispiele für kundenorientiertes Verhalten an der Kasse
- **Blickkontakt**
- **Ggf. mit Namen ansprechen**
- **Zusatzangebote anbieten**
- **Für Einkauf bedanken**
- **Ware sorgfältig behandeln ggf. verpacken**
- **Kunden verabschieden**

04	

Frage 28: Laut Kassieranweisung müssen Sie 200,00 Euro Scheine besonders prüfen. Nennen Sie 4 Sicherheitsmerkmale von Geldscheinen, die Sie beim Prüfen berücksichtigen müssen.
- **Wasserzeichen**
- **Farbwechsel**
- **Stichtiefdruck**
- **Durchsichtsregister**
- **Hologramm**
- **Mikroschrift**

04	

Hauptschulabschlußprüfung Lager / Handel – Lösungen

Fachrechnen

Frage 29: Ein Sattelauflieger hat eine Länge von 13,62 Metern, eine Breite von 2,48 Metern und eine Höhe von 2,30 Metern. Der Laderaum ist zu 80 % mit Getreide gefüllt. Wie viele m³ Getreide befinden sich im Auflieger?

13,62 m x 2,48 m x 2,30 m = 77,688 m³ Gesamtkapazität
77,688 m³ x 0,8 = 62,150 m³ Getreide befinden sich im Auflieger.

01	

Frage 30: Eine Frachtsendung besteht aus folgenden Einheiten:
- 6 Pakete mit einem Gewicht von je 16,5 kg
- 4 Pakete mit einem Gewicht von je 34,250 kg
- 6 Europaletten zu je 758 kg
- 2 Gitterboxpaletten zu je 532 kg
Wie hoch ist das Gesamtgewicht der Frachtsendung in Tonnen?

6 Pakete x 16,500 kg = 99 kg
4 Pakete x 34,250 kg = 137 kg
6 Europaletten x 758 kg = 4548 kg
2 Gitterboxpaletten x 532 kg = 1064 kg
5848 kg = 5,848 t Gesamtgewicht

02	

Frage 31: Das Bruttogewicht einer Ware beträgt 1,004 Tonnen.
Das Gewicht der Tara ist 5,5 %
vom Nettogewicht. Wie hoch ist das Nettogewicht der Ware in kg?

105,5 % = 1004 kg
100 % = X

1004 kg x 100 / 105,5 %

X = 951,659 kg

02	

Frage 32: Eine Fachkraft für Lagerlogistik in Teilzeit verdient 1.250,00 € brutto im Monat. Sie erhält aufgrund ihrer guten Leistungen eine Gehaltserhöhung von 6 %. Wie hoch ist ihr neues Gehalt?

100 % = 1250,00 €
106 % = X

02	

1250,00 € x 106 /100 %

X = 1325,00

Hauptschulabschlußprüfung Lager / Handel – Lösungen

Frage 33: Ein Unternehmen hat seinen Umsatz um 7,5 Prozent auf jetzt 75.350,00 € steigern können. Wie hoch war der Umsatz vor der Steigerung?

107,5 % = 75.350,00 €
100 % = X

75.350,00 € x 100 / 107,5

X = 70.093,02

02	

Frage 34: Ein Einzelhändler hat am 01.01. einen Warenbestand von 160.000,00 €. Die vierteljährlichen Bestände betragen:
31.03. - 240.000,00 €
30.06. - 150.000,00 €
30.09. - 250.800,00 €
31.12. - 200.000,00 €
Wie hoch ist der durchschnittliche Lagerbestand?
Anfangsbestand + 4 Quartalsbestände / 5

AB	160.000,00 €
31.03.	240.000,00 €
30.06.	150.000,00 €
30.09.	250.800,00 €
31.12.	200.000,00 €
Summe	1.000.800,00 €
/ 5	200.160,00 €

02	

Hauptschulabschlußprüfung Lager / Handel – Lösungen

Frage 35: Tageskassenabrechnung: Wechselgeld 125,00 €
Entnahmen: für Hausfracht 12,00 €, für Warensendung 823,00 €, Privatentnahme 400,00 €
Bargeldbestand: 11.290,00 €
  c) Wieviel € beträgt die Tageslosung ?

a) Bargeldbestand + Hausfracht + Warensendung + Privatentnahme – Wechselgeld

Bargeldbestand	11.290,00 €
Hausfracht	12,00 €
Warensendung	823,00 €
Privatentnahme	400,00 €
Wechselgeld	125,00 €
Tageslosung	12.400,00 €

02	

  d) Wie viel beträgt die in der Tageslosung enthaltene Umsatzsteuer bei einem Steuersatz von
     19 %

b) 12400 * 19 / 119 = 1979,83

02	

Gesamtpunktzahl

120	

Note:
Unterschrift
Teilnehmer   **Lehrkraft**
Datum: